I0098471

DISCOURS

PRONONCÉ

A l'entrée de l'Église de Notre-Dame d'Étampes, en présentant à MM. les Curé et Marguillers, le jour du *Te Deum* chanté en actions de graces des Victoires remportées en Espagne par l'EMPEREUR, et de son Entrée triomphante à Madrid, pour la Bénédiction des Aigles destinées, l'une à couronner la cime du clocher, et les autres, à décorer les Étendards de la Garde nationale.

Par M. le Général de Brigade ROMANET, Maire de cette Ville.

L'Aigle est l'emblême de tout ce qui est Grand.

PARIS.

IMPRIMERIE BIBLIOGRAPHIQUE.

1809.

DISCOURS

Prononcé à la Présentation d'Aigles Impériales, destinées à être placées, l'une sur le principal clocher de la Ville d'Etampes, et les autres sur les Drapeaux de la Garde nationale.

Il est d'usage de couronner d'un emblême, la cime des édifices religieux. Etant prévenu que le principal Temple de cette ville réclamoit cet ornement, je me suis empressé de répondre aux vœux de mes Concitoyens, et aux vôtres en particulier, Messieurs les Administrateurs, dont le zèle que vous apportez dans la plus respectable des fonctions, et le desir louable pour la splendeur qui convient aux monumens consacrés à la Religion, sont attestés par le succès.

Je vous offre, au nom du Corps Municipal, pour le sujet de cette décoration, un Aigle, modification très-légère à nos anciens usages, mais innovation amenée par un concours d'événemens glorieux, conçus par le plus sublime génie, et dirigés avec la plus profonde sagesse.

Cette offrande ne pouvoit être faite sous des aupices plus heureux, qu'en l'associant à de grands souvenirs, aux événemens importans que la France célèbre en ce jour, et à la cérémonie religieuse qui les consacre. Evénemens mémorables des victoires d'Espinosa, de Burgos, de Tudéla, de Somo-Sierra, remportées par L'EMPEREUR, et de son entrée triomphante et signalée par sa clémence, dans la Capitale des Espagnes. Ces victoires arrachent à l'ennemi de la France, à l'ennemi de l'Europe, du Monde, le seul point du Continent, qui pouvoit encore favoriser ses perfides desseins ; elles l'en exilent à jamais ; elles le bannissent du sein de la grande Famille européenne ; ces victoires enfin, sont le dernier pas qui doit conduire à la liberté des mers et à la paix universelle. Elles ont brisé la dernière coalition qui restoit à l'ennemi, seul genre de guerre qu'avoit à employer un peuple vain de son or, mais isolé, et trop peu puissant par lui-même pour attaquer, corps à corps, un peuple fort de ses propres moyens, et auquel NAPOLÉON LE GRAND a confirmé le nom de Grand Peuple.

Le Corps Municipal profite aussi de cette glorieuse circonstance, Messieurs les Commandans, Officiers, Sous-Officiers et Soldats de la Garde nationale, pour vous offrir les Aigles qui devront désormais décorer vos étendards.

Les bannières militaires peuvent porter cet ornement chez un peuple qui n'a cessé de remporter victoire sur victoire.

Je vais donner quelques développemens aux motifs qui ont déterminé le choix de cette décoration pour le sommet des Temples.

Le principal de ces motifs, est son adoption pour l'emblême de l'Empire français par l'EMPEREUR. Il est facile de prouver la justesse de ce symbole, qu'il lui appartenoit d'adopter pour sa personne, comme Héros, et pour l'Empire, comme son fondateur; symbole noble et majestueux, et que le grand Peuple étoit digne de recevoir de NAPOLÉON LE GRAND.

L'Aigle est l'emblême de tout ce qui est grand. Chez tous les peuples, dans toutes les langues, le nom de l'Aigle fut toujours pris dans l'acception la plus honorable; il fut toujours une épithète noble, héroïque.

Pour tout ce qui est énergie, grand caractère, héroïsme, qualités supérieures de l'humanité, l'aigle fut toujours pris pour objet de comparaison.

Emblême du génie, de l'élévation, de la victoire chez tous les peuples; il fut même, par plusieurs de ceux de l'antiquité, assimilé aux êtres célestes.

La Mythologie, qui chercha par les formes humaines, à rendre la nature divine plus à la portée de la foible intelligence des mortels, vit dans les nobles et nombreux rapports de l'Aigle avec la Divinité, dans sa majesté, dans sa force, dans la hardiesse de son vol, l'être digne de la représenter. Il en fut le symbole, et fut même celui des Dieux, qui dans l'ordre hiérarchique établi dans chaque classe, y tiennent le premier rang; celui du Soleil, d'Apollon, de Jupiter.

L'Egyptien agriculteur adora, dans son image, le Soleil, chef des astres; le Grec savant y reconnut Apollon, dieu de la lumière et chef des muses; et le Romain conquérant honora en lui Jupiter, chef des immortels et souverain de l'Univers.

Partout on le voit, dans l'antiquité, chez des peuples remarquables par leurs lumières, être l'objet d'un culte religieux. Chez les Perses, la divinité étoit repré-

sentée avec la tête d'un Aigle; et sous cette forme, elle étoit revêtue de tous les caractères de l'Être suprême et du bon principe; du Dieu, chef d'ordre et de justice; principe de la sagesse et de toute espèce de perfection; source de tout bien et de lumière, et ennemi mortel du mal et des ténèbres.

Les Phéniciens donnoient au bon génie la tête du roi des airs.

Dans cette idée d'instinct, autant que de raisonnement, qui ramène toujours les peuples à la monarchie, l'Aigle avoit été reconnu le roi de l'élément céleste; et les observateurs anciens et modernes ont cru appercevoir en lui quelque chose de royal.

Ils lui reconnurent aussi cette vertu d'une noble indignation contre les êtres malfaisans, dans la haine décidée qu'ils lui virent toujours manifester contre les animaux venimeux et les grands reptiles.

La Poésie le qualifia toujours d'oiseau

guerrier, d'oiseau sacré, de ministre de
Mars, de ministre du tonnerre.

Regardé par le paganisme comme
un être à part, et comme intermédiaire
entre la terre et les cieux, les hommes et
les immortels, il fut placé par lui à côté
de Jupiter ; et ce dieu lui confia ses
foudres.

Emblême et compagnon du maître du
tonnerre, dans l'antiquité payenne, la
religion s'en empara pour lui confier son
char ; il en fait tout-à-la-fois l'ornement
et la sûreté.

Noble et majestueux support du livre
des prières et des cantiques, au milieu de
ses temples, il fut désigné comme le symbole de l'Eglise triomphante, autour du-
quel devoient se rallier les ministres des
autels et des fidèles, pour chanter les
louanges du Très-Haut.

Les Nations savantes désignèrent toujours l'Aigle pour exprimer un esprit pé-
nétrant, l'éloquence sublime, un génie
élevé. S. Jean fut comparé à un Aigle, par

les premiers Chrétiens, à cause de la manière haute et sublime dont il commence son évangile, et il reçut d'eux un aigle pour symbole. Ainsi les Français appelèrent leur éloquent Bossuet, l'Aigle de Meaux.

Les grands hommes ont, de tous les temps, adopté des emblêmes analogues à leur caractère. NAPOLÉON a adopté celui d'un Aigle. Jamais emblême ne fut d'une vérité plus exacte. Dans ses marches à la guerre, il en a le vol impétueux; dans les batailles, le coup d'œil. Pour contenir un ennemi opiniâtre, il en a les serres; pour les Français, il en a les ailes. Sous leur ombre tutélaire, réunis et réconciliés, ils ne craignent plus les dissentions intestines; comme à leur abri protecteur, ils dédaignent les orages du dehors.

Par lui, l'Aigle est devenu l'emblême de l'Empire français.

Emblême de la force, placé sur l'écusson de l'Empire, il en est la sauve-garde.

Emblême de la sévérité , adopté pour le sceau impérial , et empreint sur le livre des lois , il en assure la conservation.

Emblême de la dignité et de la fierté nationale , placé sur le signe rénumérateur des talens ; il en inspire la noble ambition , et attire sur cette glorieuse décoration le sentiment du respect.

Emblême du courage et des mouvemens rapides , placé sur les étendards des légions , il entraîne à l'ennemi , il promet et donne la victoire.

Doué du coup d'œil le plus perçant de tous les êtres , et par cette perfection d'organe , emblême de la surveillance , il ne lui manquoit plus que d'être élevé sur le sommet des Temples ; là , placé sur le lieu le plus éminent des Cités , il y devient tout-à-la-fois symbole religieux et protecteur du culte , et l'emblême du génie de NAPOLÉON , planant sur tous les points de son Empire , et portant partout ses regards bienfaisans.

NAPOLÉON, en adoptant un Aigle pour le cachet de l'Empire, à apposé lui-même son cachet.

Adopté pour son emblème, son type, son symbole, par le plus grand des peuples dont les annales du monde nous aient transmis la mémoire, et consacré aux apothéoses des Empereurs du plus grand Empire que l'histoire ancienne nous ait fait connoître ; il devoit être adopté par NAPOLÉON, pour son emblême et pour celui du plus grand peuple de l'histoire moderne.

Habitans de la ville d'Etampes ! vous aurez eu ce bonheur, d'avoir, les premiers, élevé sur le sommet de vos Temples, l'Aigle de l'Empire.

Vos regards y seront souvent ramenés, et à la vue de cet héroïque symbole, vous aimerez à manifester ces sentimens d'amour et d'admiration dont vous êtes animés pour le Héros dont il est l'emblême.

Mais à ces sentimens d'admiration inspirés par l'héroïsme , la Religion a voulu y ajouter celui d'un saint respect , en revêtant ce symbole de sa sanction vénérable.

Placé ainsi sur le sommet de ce Temple, c'est un symbole religieux , qui rappellera le Citoyen au devoir du culte ; et sur les bannières des bataillons de la Garde nationale , symbole militaire , il rappellera le soldat et les hommes de tous les grades aux sentimens de la discipline et du bon ordre , qui dans les villes assurent la tranquillité et la sûreté des Citoyens , et dans les camps , les succès et les triomphes sur les ennemis.

L'aspect journalier de cette majestueuse image , ramènera aussi le souvenir de ce jour mémorable où elle fut consacrée le symbole de l'Empire français. Jour signalé deux fois heureux dans nos Fastes , jour deux fois célèbre dans nos nouvelles annales, jour anniversaire des deux événemens les plus importans dans notre constititution nouvelle, jour aussi glorieux qu'heureux, pour la France , où l'Empire lui-même fut

consacré par le vœu des Français , et par
la cérémonie religieuse du Couronnement
et fut cimenté dans ses bases politiques et
militaires , par la mémorable victoire rem-
portée sur deux de ses plus puissans ennemis...... jour du Couronnement! Tout
de gloire et de paix au dedans , où NA-
POLÉON , recevant la couronne impériale
de la main des Français , la paix inté-
rieure fut assise sur des bases inébranla-
bles.... jour d'Austerlitz ! Tout de gloire
et de sûreté au dehors , où fut établie une
Confédération qui mit une barrière in-
surmontable contre les attaques du dehors.

Enfin cet auguste symbole inauguré le
jour même de la cérémonie célébrée en
actions de grâces des victoires, aussi rapides que nombreuses, remportées en
Espagne , par L'EMPEREUR , et de son
entrée triomphante à Madrid , deviendra
pour nous un monument, et comme un
signal qui nous rappellera sans cesse un

des jours inscrits dans les fastes de la Nation, au nombre de ses plus heureux jours...... Jour de gloire politique et nationale , où NAPOLÉON affermissant la couronne des Espagnes sur la tête de son auguste frère , fut par lui réalisée une seconde fois , cette grande et profonde pensée politique , d'un des plus grands Monarques , ses prédécesseurs, *qu'une même famille devoit être assise sur les Trônes de la France et des Espagnes....* Jour de triomphe ! où les Français virent tomber la seule barrière qui leur restoit opposée sur le Continent, et purent s'écrier avec Louis XIV : *Il n'y a plus de Pyrennées* ! De même qu'ils avaient dit à Marengo : *Il n'y a plus d'Alpes , ni d'Appenins !* et à Austerlitz : *Il n'y a plus de Grand Fleuve !....* Jour de bonheur pour le vaincu , qui vit étouffer le monstre des discordes civiles et de l'anarchie qui le dévoroit , et pour le vainqueur auquel fut rendu un allié naturel, tant par la conformité de religion que par l'identité des intérêts politiques.

Heureux de nous être réunis autour de cette image chérie, nous ne nous quitterons pas sans publier les hommages de notre reconnoissance envers celui dont elle est l'emblême, et sans faire retentir les voûtes de ce Temple, de ce cri de ralliement de tous les Français :

VIVE L'EMPEREUR !

VIVE NAPOLÉON !